YAYAHO

le croqueur de mots

Texte : **Geneviève Lemieux**
Illustrations : **Bruno Saint-Aubin**

Pour Charlotte, Alexis et Hugo.
Geneviève

Voici le premier album de
ta bibliothèque !

Le raton laveur

Catalogage avant publication de Bibliothèque et Archives nationales du Québec et Bibliothèque et Archives Canada

Lemieux, Geneviève, 1960-

    Yayaho, le croqueur de mots

    (Le raton laveur)
    Pour enfants de 3 à 8 ans.

    IBSN 10 : 2-920660-52-7
    ISBN 13 : 928-2-920660-52-6

    1. Jeux linguistiques - Ouvrage pour la jeunesse.
I. St-Aubin, Bruno. II. Titre. III. Collection: Raton laveur (Bayard (Firme)).

GV1507.W8L43 1999   j793.734   C98-941559-7

Nous reconnaissons l'aide financière du gouvernement du Canada par l'entremise du
Programme d'aide au développement de l'industrie de l'édition (PADIÉ) pour nos activités d'édition.

 Conseil des Arts   Canada Council
du Canada   for the Arts

Bayard Canada Livres inc. remercie le Conseil des Arts du Canada du soutien accordé
à son programme d'édition dans le cadre du Programme des subventions globales aux éditeurs.

Cet ouvrage a été publié avec le soutien de la SODEC.
Gouvernement du Québec – Programme de crédit d'impôt pour l'édition de livres – Gestion SODEC.

Dépôt légal – Bibliothèque et Archives nationales du Québec, 2010
Bibliothèque et Archives Canada, 2010

Direction : Caroline Merola
Graphisme : Mathilde Hébert
Révision : Sophie Sainte-Marie

Site Internet et fiches d'activités disponibles sur **www.bayardlivres.ca**

As-tu déjà entendu parler
de **YAYAHO**, le croqueur de mots ?

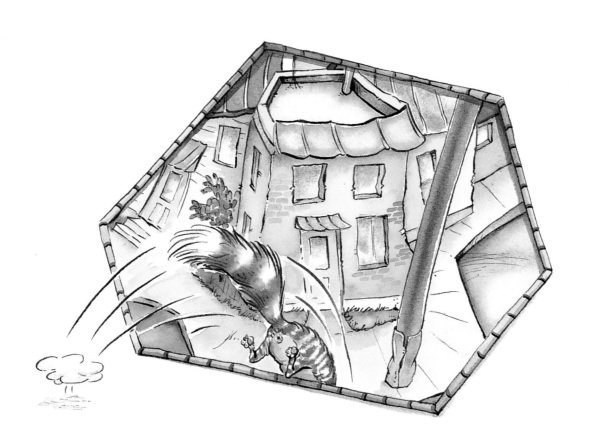

Il nous arrive tous de croquer des mots.
Quand on veut parler vite,
quand on a la bouche pleine,
quand on sanglote parce qu'on a de la peine.
Mais il existe un petit coquin
qui croque des mots parce que...
Attends, tu le sauras à la fin.

Samedi matin, rue de la Corniche,
Madame Hortense promène ses deux caniches.
Mais qui se cache derrière ce poteau ?

C'est **YAYAHO**, le croqueur de mots.

Et crac, **BOUM**, miam...

Madame Hortense promène ses deux niches.

En vacances au lac des Quenouilles,
Olivier a attrapé une grosse grenouille.
Mais qui se cache dans les roseaux ?

C'est **YAYAHO**, le croqueur de mots.

Et crac, **BOUM**, miam...

Olivier a attrapé une grosse nouille.

Quel vacarme dans la maison !
Les Dubois viennent de gagner un million !
Mais qui se cache derrière les rideaux ?

C'est **YAYAHO**, le croqueur de mots.

Et crac, **BOUM**, miam...

Les Dubois viennent de gagner un lion.

Qu'il pleuve, neige ou vente, tous les matins,
Alexis va à l'école avec son copain.
Mais qui se cache dans son sac à dos ?

C'est **YAYAHO**, le croqueur de mots.

Et crac, **BOUM**, miam...

Alexis va à l'école avec son pain.

À l'heure de la causerie, c'est au tour de Jonas.
Il présente sa perruche à toute la classe.
Mais qui se cache sous le bureau ?

C'est **YAYAHO**, le croqueur de mots.

Et crac, **BOUM**, miam...

Il présente sa ruche à toute la classe.

Comme Caroline s'est blessée à la cheville,
le médecin lui prête deux béquilles.
Mais qui se cache dans son sarreau ?

C'est **YAYAHO**, le croqueur de mots.

Et crac, **BOUM**, miam...

Le médecin lui prête deux quilles.

Soudain, il fait noir dans le salon.
Papa met une autre ampoule au plafond.
Mais qui se cache sous l'escabeau ?

C'est **YAYAHO**, le croqueur de mots.

Et crac, **BOUM**, miam...

Papa met une autre poule au plafond.

Lorsqu'elle part en randonnée observer les hiboux,
Charlotte porte une boussole à son cou.
Mais qui se cache au bord de l'eau ?

C'est **YAYAHO**, le croqueur de mots.

Et crac, **BOUM**, miam...

Charlotte porte une sole à son cou.

Maintenant que tu connais **YAYAHO**,
as-tu compris pourquoi il croque parfois des mots?
Il aime jouer des tours, ça c'est vrai.
Mais s'il en fait de petits morceaux,
c'est pour pouvoir en créer de nouveaux.
Car **YAYAHO**, notre héros,
est un amoureux des mots.